COPYWRITING EN TOUTE SIMPLICITÉ

• Le guide étape par étape de la rédaction

• Comment écrire des histoires engageantes qui vendent

• Démarrer et gérer votre entreprise de rédaction

TABLE DES MATIÈRES

Rédaction de marque

Copie du site Web

Article de blog

Messages automatisés

Rédaction Pay-per-click (PPC)

Rédaction de médias sociaux

CHAPITRE 2

ANATOMIE D'UNE COPIE
Rédaction, droit d'auteur et rédaction de
contenu en contraste

Comment écrire une copie

Points à noter lors de la rédaction d'une
copie

Storytelling : comment attirer l'attention de
votre public

CHAPITRE 5

DÉMARRER VOTRE ENTREPRISE DE
RÉDACTION

Comment créer votre portefeuille

Comment obtenir votre premier client

Étapes pour démarrer rapidement votre
entreprise de rédaction indépendante

CHAPITRE 6

CHAPITRE BONUS

Conseils pour la rédaction

CHAPITRE 7

DERNIÈRES PENSÉES

A propos de l'auteur

INTRODUCTION

Nous sommes en 2023 et je suis assis à mon bureau en train de réfléchir aux compétences que nous possédons déjà et que nous pouvons utiliser pour générer plus de liquidités, devenir indépendant et être notre patron, puis cela m'a frappé ; Rédaction.

C'est le genre de compétence que vous avez déjà développée ou que vous développez pendant vos années d'école nécessite peu de pratique, d'apprentissage, de désapprentissage, de cohérence et, très franchement, de répétition dudit processus avec une expérience de conséquence qui peut vous rapporter 100 $ de l'heure.

Selon la ventilation du Bureau of Labor Statistics des États-Unis, le salaire moyen le plus récent d'un rédacteur est de 62 170 $ par an avec un salaire horaire équivalent (basé sur la semaine de travail de 40 heures) de 29,89 $. Tandis que les 10 % des rédacteurs les plus bas gagnent 30 700

$ par an avec un salaire horaire équivalent (basé sur une semaine de travail de 40 heures) de 15,24 $. Maintenant, devinez combien gagnent les 10 % des rédacteurs les plus riches.

La partie amusante est que, quel que soit votre emplacement, vous pouvez gagner autant que vous le souhaitez, le convertir dans votre devise locale et vivre une vie financièrement libre.

Il était une fois en 2017, on nous a donné un projet d'une semaine pour rechercher un certain sujet de retour à l'université. J'ai

pris mon bloc-notes avec confiance que
j'obtiendrai des résultats sur Internet ou
dans des livres et je suis allé à la
bibliothèque.

A ma plus grande surprise, je n'ai rien reçu.
Aucun résultat sur Internet, aucune réponse
dans les livres que j'ai recherchés. Au bout
de 3 jours, j'avais l'impression qu'aller à la
bibliothèque était une perte de temps.

Le quatrième jour, j'ai compris qu'il n'y avait
tout simplement pas de réponse à ma
question, mais je savais que je ne pouvais
pas soumettre une feuille vide. J'ai alors

décidé d'écrire. Avance rapide jusqu'à 3 jours plus tard, mon projet est devenu le plus salué parmi mes pairs.

Maintenant, je mentirai pour vous dire si je vous dis que j'ai développé cette compétence en une journée. C'est grâce à une pratique continue que je suis devenu bon dans ce que je fais.

Ce livre est le produit d'une recherche approfondie qui s'est avérée contenir les rudiments de la rédaction, en se concentrant sur le fait de vous faire passer d'un débutant à un expert avec le résultat éventuel d'une source massive de revenus.

Notre coffret cadeau joint à ce cours vous aidera également à passer du niveau à l'expert, vous amenant à réaliser votre plein potentiel en tant que personne.

Je suis ravi que vous ayez choisi de faites ce voyage avec moi et encore plus ravis que nous allons apprendre ensemble les condiments de la rédaction. J'ai hâte de vous voir au chapitre 1.

Mais tout d'abord, qu'est-ce que le copywriting ?

CHAPITRE 1

INTRODUCTION À LA RÉDACTION

Depuis novembre 2022, je cherchais intentionnellement un cours d'assistant virtuel. J'ai fait défiler mon Instagram et j'ai trouvé la copie qui portait le nom. J'ai continué à lire l'article jusqu'à ce que j'aie payé pour le cours.

Remarquez, j'ai vu plusieurs autres annonces de cours d'assistants virtuels, mais aucune n'a retenu mon attention, sauf une qui m'était uniquement destinée à être achetée. C'est ce que fait le copywriting.

La rédaction, également connue sous le nom de copie de vente ou de copie, est l'acte d'écrire un article pour inciter votre public à agir, qu'il s'agisse de s'inscrire sur un site, de s'abonner à une chaîne, de passer un appel téléphonique ou d'acheter.

C'est de l'art de la vente dans l'imprimé qui vise à persuader quelqu'un d'agir. Tout e-mail qui tente de vous inciter à agir est une forme de rédaction.

La rédaction consiste simplement à écrire, à utiliser des mots et à les organiser dans un ordre intéressant et persuasif pour créer la notoriété de la marque, car c'est l'un des moyens les plus efficaces et les plus rentables de développer une entreprise.De l'histoire, au début de ce chapitre, nous pouvons voir l'importance de la rédaction. L'importance de la rédaction ne peut pas être surestimée. Plongeons-y.

Importance de la rédaction

Le copywriting est très important car peu importe les affaires que vous faites en ligne, vous en aurez besoin. C'est parce que la copie évoque l'émotion qui stimule les ventes.

Souvenez-vous d'une fois où vous avez lu un exemplaire qui vous a poussé à acheter quelque chose. Ce sentiment où vous payez pour quelque chose et/ou faites une action et puis dans la minute suivante, vous demandez pourquoi j'ai fait ça ? C'est ce que fait une bonne copie.

Lorsque vous écrivez une copie, vous pouvez tirer parti des émotions de votre public en abordant ses problèmes et en proposant une solution.

Le copywriting aide à convertir les mots en argent. Vous êtes présenté aux prospects via une copie, car cela permet d'optimiser votre classement sur différents moteurs de recherche. Lorsqu'une personne cherche une solution à son problème sur les moteurs de recherche, si votre copie sort en conséquence et propose des solutions qui plaisent au public, cela augmente involontairement les ventes de votre entreprise ou service.

Pour chaque entreprise qui a une communauté, il y a un rédacteur qui écrit constamment une copie impeccable qui intensifie l'intimité entre l'entreprise et son public, créant ainsi un lien et une confiance entre les deux parties.

Les rédacteurs aident à connecter les clients et les prospects en parlant de leurs désirs et de leurs besoins, éliminant ainsi toute ambiguïté existant actuellement dans les entreprises.

Il existe une variété de services de rédaction qu'un rédacteur peut entreprendre. Le rédacteur qui est simplement une personne qui écrit peut décider de travailler en tant que personnel interne en étant employé à part entière dans une organisation ou il peut être un pigiste ou un propriétaire d'entreprise, effectuant des tâches de rédaction à son propre prix. Ce rédacteur peut s'engager dans l'un des nombreux types de rédaction.

Types de rédaction

Lors du traitement des types de rédaction, il est pertinent de noter qu'il est disparate des niches. Tout comme nous avons plusieurs départements dans les institutions, nous avons aussi des niches qui sont l'industrie dans laquelle vous

travaillez, par exemple ; la beauté, la mode,
l'éducation et la recherche. C'est un poste
ou un rôle qui vous convient. Ici, nous
allons discuter des différents types de
rédaction que vous allez proposer comme
services, qui incluent ;

Rédaction d'e-mails

La rédaction d'e-mails consiste à écrire une
copie pour les e-mails. Cela a des
rédacteurs créant des mots pour former une
copie avec leurs idées, y compris tout type
de conception artistique contenue dans
l'e-mail. Il existe trois types d'e-mails.

Tout d'abord, il existe un e-mail marketing centré sur la promotion et la vente de produits ou de services. Il s'agit d'une copie de promotion des ventes qui est envoyée dans votre boîte de réception et qui peut concerner un nouveau billet de blog, un lancement de produit ou des ventes.

Le courrier électronique transactionnel est un autre type. Ce type d'e-mail est envoyé en tant qu'e-mail de confirmation après avoir acheté quelque chose ou lorsque votre article a été expédié. Il s'agit d'un e-mail automatisé qui vous informe de votre transaction.

Enfin, il y a les entonnoirs de messagerie qui sont un e-mail que vous recevez après vous être inscrit à une liste de diffusion. Vous pouvez recevoir cet e-mail si vous vous inscrivez sur un site Web, vous recevez un e-mail vous souhaitant la bienvenue et vous en apprenant davantage sur le Web.

Pour plus de compréhension, faisons une petite activité :

Ouvrez votre e-mail, que ce soit Gmail ou Yahoo Mail, et vérifiez via votre boîte de réception. Avec l'aide de nos explications jusqu'à présent, choisissez 5 des e-mails et identifiez le type de copie d'e-mail dont il s'agit, puis évaluez-vous.

Rédaction de marque

Je suis ravi que vous soyez toujours en train de devenir un rédacteur professionnel. Au moment où vous arriverez au chapitre 5, je suis certain que vous penserez à vous-même en tant que marque et au type de ton et de personnalité de marque que vous souhaitez avoir. C'est là que les rédacteurs de marque viennent jouer.

Le copywriting de marque consiste essentiellement à trouver la voix qu'une marque va utiliser sur son site Web, dans sa publicité ou sur sa plate-forme de médias sociaux. Donc, fondamentalement, vous proposez le langage que l'entreprise va utiliser pour parler à ses clients.

Ce type de rédaction vous donne la possibilité d'être créatif et d'avoir un impact important sur votre entreprise. En tant que rédacteur de marque, vous déterminerez le moyen le plus efficace de parler à votre public cible.

Copie du site Web

En tant que rédacteur, vous pouvez décider d'avoir un site Web pour votre entreprise ou vous pouvez être contacté par des entreprises pour générer une copie pour leur site Web. Vous aurez besoin d'une connaissance approfondie de la façon de le faire. Cependant, dans ce cours, nous discuterons simplement de ce qu'est la copie de site Web.

La copie du site Web est essentiellement tous les mots que vous voyez sur le site

Web d'une entreprise ; de la page d'accueil à la description du produit, la page de contact et la page à propos de nous rédigée par un rédacteur. Lorsque vous êtes un rédacteur de site Web, vous écrivez du contenu qui va classer le site Web sur Google tout en respectant les directives de la voix de la marque et en convainquant les clients d'acheter.

 Pour plus de clarté sur ce à quoi ressemble le contenu d'une copie de site Web, recherchez n'importe quel site Web que vous connaissez et naviguez sur son site, son contenu et ses blogs.

Billets de blog

Les entreprises adorent les blogs car ils apportent du trafic de recherche organique sur leur site Web. Cela signifie que lorsque les gens recherchent sur Google des questions ou des problèmes qu'ils ont le service ou le produit de cette entreprise peut résoudre, ils veulent alors trouver le haut de ces résultats de recherche, faire cliquer cette personne sur le blog, puis acheter un produit ou service de l'entreprise.

Je pense que c'est le type de rédaction le plus simple pour les débutants, car c'est le plus proche de l'écriture institutionnelle, ce que la plupart des gens ont l'expérience d'écrire pendant les jours d'école. Si vous êtes nouveau dans ce domaine et que vous souhaitez simplement vous plonger dans la rédaction indépendante, je vous recommande de consulter la rédaction d'articles de blog.

Pour être plus expérimenté dans les blogs, vous devez en savoir plus sur le marketing de contenu afin de savoir quelle partie vous aimez et ce que vous devez faire.

Messages automatisés

À l'ère du numérique, vous pouvez
pratiquement tout créer pour vous. Des
choses comme l'intelligence artificielle (IA),
les chatbots, la rédaction d'une copie ou
d'un article à l'aide de ChatGPT et les
systèmes de réponse automatisés avec
messages automatiques.

Les messages automatisés sont un
nouveau type de rédaction. Il écrit des
scripts pour les chatbots. Il apparaît comme
une fenêtre contextuelle demandant une

discussion lorsque vous accédez à un site. Ici, un rédacteur écrit des scripts pour les chatbots. Cela implique de réfléchir à toutes les questions possibles que les gens vont poser et de leur apporter des réponses quasi naturelles afin qu'ils n'aient pas à parler à un vrai humain.

Vous pouvez afficher ces copies sur des sites Web où vous pouvez naviguer vers des chatbots et converser avec les bots après un clic.

Rédaction Pay-per-click (PPC)

Ce sont des publicités numériques que vous voyez sur les plateformes de médias sociaux comme les publicités Facebook, les publicités Instagram, etc.

Lorsque vous rédigez des annonces payantes, vous générez des prospects pour les entreprises. Il est connu comme un type de rédaction très lucratif, car les entreprises ont toujours besoin de nouvelles publicités pour remplacer les anciennes qui ne fonctionnent plus bien.

Rédaction de médias sociaux

La rédaction de médias sociaux sont des mots que vous voyez des entreprises sur les médias sociaux, notamment les publications Instagram, les publications Facebook et les scripts Tick tock qui servent de publicités.

Les auteurs de textes sur les réseaux sociaux créent les messages que les entreprises publient sur les réseaux sociaux. Travaillant avec des clients, des chargés de compte et des représentants d'entreprises, ils passent des journées à transformer des concepts marketing en hashtags, phrases ou messages plus longs pour diverses plateformes de médias sociaux.

Jusqu'à présent, vous n'avez peut-être aucune connaissance de ce qu'est le copywriting, de son importance et de ses types. Je suis certain que vous avez maintenant une connaissance de première main de la rédaction et du type dans lequel vous aimerez éventuellement vous aventurer.

Dans le chapitre suivant, vous apprendrez le contraste entre trois termes déroutants ; la rédaction, le droit d'auteur et la rédaction de contenu pendant que nous discutons des deux types de copie et des caractéristiques d'une copie.

Allons-y.

CHAPITRE 2

ANATOMIE D'UNE COPIE

Rédaction, droit d'auteur et rédaction de contenu en contraste

La rédaction est un mot assez unique qui peut être confondu avec d'autres mots tels que le droit d'auteur et la rédaction de contenu. Ce sont des termes différents avec des significations différentes mais nous ne pouvons pas ignorer le fait qu'ils peuvent parfois être déroutants, le plus évident est Copyright qui ressemble à du copywriting.

Rédaction vs droit d'auteur

Le droit d'auteur n'est pas le copywriting. Le copywriting consiste à créer une copie pour inciter les clients à agir. Le droit d'auteur, quant à lui, est la protection juridique de la propriété intellectuelle qui protège les œuvres originales de l'auteur et les créateurs qui les ont créées.

Rédaction de contenu vs rédaction

La rédaction de contenu n'est jamais du Copywriting, mais il y a un chevauchement et une zone grise ici, c'est pourquoi il est important de comprendre la différence. Le copywriting est unidirectionnel, il est axé sur les résultats, il est persuasif et écrit pour amener quelqu'un à agir immédiatement. Alternativement, la rédaction de contenu est davantage axée sur l'engagement et la sensibilisation, elle est axée sur l'établissement de la bonne volonté et la création de relations.

Bonnes nouvelles! Que vous soyez décrocheur ou diplômé, débutant ou expert, vous êtes un écrivain. Vous pouvez écrire n'importe quelle copie de votre choix. Quelques doutes? Prouvons-le.

Différence entre la copie institutionnelle et la copie occasionnelle

Flashback sur l'introduction de ce livre électronique, je vous ai raconté comment mon projet d'une semaine m'a permis de gagner le respect de mon conférencier. Cette affectation est un exemple de copie institutionnelle.

La copie institutionnelle fait référence à la copie académique qui vous a été enseignée à l'école et c'est aussi la façon dont de nombreuses entreprises écrivent; essayer d'impressionner les autres. Vous pouvez convenir avec moi qu'au moins une fois à l'école, vous avez écrit une copie comme celle-ci, cela pourrait être pendant votre examen ou comme devoir.

Vous voyez, cela fait de vous un écrivain. Point prouvé.

Pour que vous soyez un bon rédacteur, vous devez apprendre différemment de votre façon d'écrire institutionnelle ou vous allez écrire comme ça pour toujours, ce qui rend les choses plus compliquées que nécessaire.

Lorsque vous écrivez une copie, vous voulez écrire avec désinvolture, en ce sens, vous devriez écrire pendant que vous parlez. Votre écriture est une conversation avec un seul lecteur et c'est pourquoi, lorsque vous rédigez votre texte, vous devez utiliser le langage le plus simple possible pour faire passer votre message. Pour ce faire, vous devez vous familiariser avec la fonctionnalité requise d'une copie.

Caractéristiques d'une copie

Tout comme la copie institutionnelle qu'on vous a enseignée à l'école, dont un exemple est la rédaction de lettres, une bonne copie est constituée de parties intégrantes qui, une fois additionnées, forment la morphologie d'une copie. Ils comprennent:

Gros titre

Le titre d'une copie est son élément le plus crucial. Le reste de la copie est gaspillé si le titre ne parvient pas à attirer des clients potentiels. L'objectif principal du titre de chaque copie est d'attirer l'attention des lecteurs et de piquer leur intérêt.

Les titres sont des phrases courtes ou des phrases au début d'une copie qui essaient d'amener quelqu'un à lire le reste de la copie. Le titre de tout article ou livre est un titre. Dans un bon titre, les avantages pour le lecteur sont très clairs. Le lecteur comprend les avantages qu'il obtiendra en lisant votre copie.

Trois principes rendent les titres efficaces. Par ordre d'importance, ils sont; l'intérêt personnel, l'actualité et la curiosité.

L'intérêt personnel est ce que quelqu'un retirera de votre produit ou service. Si votre lecteur lit votre copie et a l'impression qu'une douleur qu'il a rencontrée sera résolue, alors il sera intéressé et s'abonnera ensuite à votre solution. Vous pouvez inclure l'intérêt personnel en indiquant à votre lecteur combien de temps il faudra à quelqu'un pour obtenir un avantage.

Par exemple:

Comment devenir un rédacteur plus efficace en moins de deux heures.

Les nouvelles telles qu'elles impliquent sont tout ce qui est actuel. En tant qu'êtres humains, nous aimons être à la mode et à jour, et en tant que tel, l'introduction de tout ce qui fait l'actualité attirera l'attention de votre public. En ce qui concerne les actualités, un moyen simple de faire en sorte qu'un titre contienne un élément d'actualité consiste à mettre "Annonce" au début du titre. Il est important, pour être honnête ici, de n'utiliser l'élément d'actualité que si vous créez ou avez créé un nouveau produit ou service, ou si vous en avez mis à jour.

Vous n'allez pas croire combien j'ai gagné en une semaine en tant que rédacteur !

Curieux non? C'est l'efficacité de la curiosité. C'est efficace parce que les humains sont naturellement curieux et cela peut être un excellent moyen d'amener quelqu'un à lire la première phrase d'une copie.

Souvent, vous pouvez combiner deux de ces principes, mais vous n'êtes pas obligé d'inclure les trois dans un seul titre.

Sous-titre

Connaissez-vous le best-seller de Mark Mason ? L'ART SUBTIL DE NE PAS BAISER ? Si oui, alors vous devez savoir que le livre a son sous-titre comme; Une approche contre-intuitive pour vivre une bonne vie.

Tout comme les titres sont des titres de livres ou d'articles, les sous-titres sont des sous-titres d'articles ou de copies. J'ai attiré votre attention sur le livre de Mark Mason car son sous-titre est un exemple parfait de ce qu'est un sous-titre ou un sous-titre.

Le sous-titre vient après le titre. Il s'agit d'un mini-titre ou d'un élément de contenu qui apparaît sous le titre principal pour fournir un contexte ou un support supplémentaire pour le titre. Le sous-titre invite le lecteur à continuer à lire la copie. Il peut discuter des avantages qu'un client recevra du produit ou du service. De plus, il clarifie le titre et incite surtout les lecteurs à agir.

Mener

Après avoir écrit un sous-titre fort et accrocheur, c'est là que se trouve le travail principal, il détermine si votre lecteur continuera à lire ou à naviguer vers la prochaine chose disponible. Vous avez quelques secondes pour persuader votre auditoire de rester et de continuer à lire.

Une piste est le premier paragraphe d'une copie qui transmet succinctement les détails les plus importants tout en éveillant la curiosité du client. L'objectif principal de la piste est de susciter l'intérêt du prospect et de créer suffisamment de désir pour qu'il lise le reste de la copie.

C'était une soirée nuageuse, Kambili a décidé qu'indépendamment du tonnerre et des prévisions météorologiques, elle irait toujours faire son jogging du soir. Elle a branché ses airpods et a commencé à courir. Lorsqu'elle est arrivée sur une route étroite, elle a senti quelqu'un la suivre, elle a accéléré son rythme et a remarqué que son harceleur commençait à faire de grandes enjambées, puis boum !...

Ce qui précède est un exemple d'une piste accrocheuse semblable à une histoire. Votre piste finira par se transformer en la prochaine fonctionnalité...

Contenu ou corps

Le corps, autrement appelé contenu, suit le titre, le sous-titre et l'en-tête. Le corps peut être assimilé au corps d'une lettre ou d'une copie institutionnelle qui parle de l'essentiel de votre copie.

Dans le corps, la justification rationnelle et émotionnelle du choix de la marque spécifique est présentée. Selon le type, la concurrence, le marché, etc., le contenu de la copie peut inclure des faits et des données sur votre produit, une promesse de bonne performance, des témoignages, etc.

Idée de clôture/Conclusion

Vous avez fini d'écrire votre copie et au moment où vous atteignez votre dernier paragraphe, votre seul souci est de terminer dès que vous le pouvez.

Notez que votre chance de faire une impression durable sur votre public est présente dans le paragraphe de conclusion, vous voulez donc vous assurer que votre public agisse après avoir lu votre conclusion. La copie doit motiver le client à agir en lui fournissant suffisamment d'informations, de conseils et de motivation.

 Gloire! Nous sommes arrivés à la fin du chapitre 2. Dans le chapitre suivant, vous maîtriserez l'ABC de la rédaction, ce qui incitera les gens à acheter votre copie et ce que signifie exactement AIDA.

CHAPITRE 3

LES ESSENTIELS D'UNE COPIE

Copier la formule

Tout d'abord, permettez-moi de réitérer le fait que le copywriting a pour but singulier d'effectuer une action et pour ce faire, il existe une structure formative qui peut vous servir de guide ; AIDA, qui signifie Attention, Intérêt, Désir et Action.

Il s'agit d'une formule de rédaction classique qui peut aider à augmenter les conversions sur les pages de vente, les pages de destination, les articles, les newsletters, les scripts vidéo, etc. C'est une formule extrêmement puissante et efficace pour amener quelqu'un à agir.

Cela fonctionne comme ceci;

Tout d'abord, vous attirez l'attention des gens avec votre première ligne, puis créez de l'intérêt avec une promesse audacieuse et pliez-la en puisant dans un désir que quiconque lit la copie veut. Puis, enfin, vous terminez les choses avec un appel à l'action. Faisons-en une meilleure compréhension.

L'attention est synonyme de titre. C'est ce qui capte l'attention de votre lecteur et, tout comme le titre, comment ferez-vous pour que votre lecteur lise la première phrase de votre copie ? Ici, vous devez attirer l'attention de votre auditoire avec une seule phrase. Vous pouvez le faire en offrant une promesse d'avantage à votre lecteur.

Exemple : Si vous continuez à lire jusqu'à la fin de ce livre, je vous apprendrai comment gagner vos premiers 100 $ en tant que rédacteur.

Après avoir attiré leur attention, vous voulez les intéresser.

L'intérêt est la raison pour laquelle votre client devrait se soucier de ce que vous dites. Ici, nous voulons capter l'esprit du lecteur et nous pouvons le faire en identifiant son problème.

Il y a un dicton célèbre qui dit que si vous pouvez articuler le problème auquel votre client est confronté mieux qu'eux, alors vous avez déjà leur attention et vous allez conclure la vente. Vous pouvez utiliser une phrase liée à vos centres d'intérêt comme :

Vous rencontrez des difficultés pour trouver votre premier client en tant que rédacteur ? Pas de panique, ce livre vous apprendra comment obtenir votre premier client en 2 heures.

Maintenant que nous avons capté leur intérêt, nous voulons nous assurer que nous répondons à leur désir.

Le désir est l'endroit où vous voulez exprimer le problème que vous résolvez pour vos clients en créant une avenue où votre lecteur visualisera à quoi ressemblera sa vie avec votre solution qui pourrait être un produit ou un service. Ici, vous voulez faire ressentir à votre lecteur ce que c'est que de surmonter son problème.

Par exemple : supposons que vos clients vivent dans un environnement dangereux et que votre produit est une sécurité d'alarme à domicile. Un bon moyen de faire appel au désir de votre client est de faire une déclaration telle que :

"Protégez toujours votre famille".

L'action, également connue sous le nom d'appel à l'action, est l'endroit où vous souhaitez indiquer à votre client l'étape exacte qu'il doit suivre. Cela peut sembler redondant, mais vous voulez leur dire en détail ce qu'ils doivent faire.

Ce qui est important, c'est que vous ne supposiez pas que votre client sait exactement ce que vous voulez qu'il fasse.

Vous devez décrire tout ce qu'ils doivent faire d'une manière extrêmement claire.

Un exemple d'appel à l'action pourrait être ; "Achetez maintenant", "Inscrivez-vous", "Contactez-nous maintenant", "Visitez-nous maintenant", etc. C'est la principale raison pour laquelle vous écrivez votre copie. À défaut de réitérer votre appel à l'action, votre copie devient non rentable et futile.

Vous avez maintenant compris qu'AIDA est une formule structurelle importante à inclure dans votre copie, cependant, si vous n'incluez pas les avantages de votre produit, vous perdez automatiquement le client. Attention, ne confondez pas Feature et Benefit car ce sont deux termes différents, alors que l'un crée la notoriété, l'autre stimule les ventes.

Fonctionnalité vs avantages

Commençons par un peu de pédagogie :

Notre entreprise est au service des gens depuis plus de 20 ans. Nous avons commencé comme un petit grossiste indépendant et maintenant, nous avons plus de 400 clients. Notre excellent engagement envers le service nous a amenés à expédier des produits de meilleure qualité que nos concurrents.

ii. Êtes-vous fatigué des grossistes qui ne tiennent pas leurs promesses ? Avez-vous l'impression que vos besoins sont négligés ? Nous avons construit notre entreprise autour du service client, ce qui signifie que vous n'attendrez jamais plus de 24 heures pour recevoir une livraison.

Question 1 : Identifiez la caractéristique et l'avantage ci-dessus.

Question 2 : Lequel des éléments ci-dessus concerne directement le bénéfice du public ?

Correct! La deuxième déclaration montre comment les clients bénéficieront de leur entreprise, ce qui prouve que la première déclaration est une fonctionnalité.Les gens se soucient vraiment d'eux-mêmes. Personne ne se soucie de vous, ils se soucient de ce que vous pouvez faire pour eux, cela fait référence à ceux qui lisent votre copie, ils veulent savoir ce qu'il y a dedans pour eux. C'est la meilleure philosophie à vivre en tant que rédacteur.

Avantages par rapport aux fonctionnalités. Il n'y a aucun doute là-dessus, lorsqu'il s'agit de copie, bénéficie des fonctionnalités d'écrasement. En d'autres termes, les fonctionnalités sont intéressantes mais les avantages se vendent.

Les fonctionnalités sont ce que fait votre produit ou service. Ce sont les caractéristiques physiques de votre produit ou service qui offrent un avantage. Par exemple, si votre produit est un masque nasal, la caractéristique de ce produit est ; la couleur, la forme, la taille, le matériau utilisé dans la fabrication du produit et la méthode d'utilisation du masque nasal.

Chaque fonctionnalité de votre produit ou service aide d'une manière ou d'une autre votre client et la façon dont il le fait est un avantage.

Les avantages sont ce dont vos clients se soucient vraiment et essentiellement, un avantage est la façon dont votre produit améliore la vie du client. Comme dans l'exemple ci-dessus, l'avantage du masque nasal sera alors de savoir comment il protège les clients de la poussière, de la vulnérabilité aux maladies transmissibles comme la toux ainsi que de la prévention de la contraction de Covid 19.

Vous devez inclure les avantages de votre produit chaque fois que vous rédigez une copie, car en effet, les clients ne se soucient que de ce que votre produit peut leur offrir et de la manière dont il peut leur faciliter et améliorer la vie.

Pour plus de clarté, vous pouvez vérifier le "À propos de nous" de la plupart des sites Web, qui est des fonctionnalités, tandis que toute copie de vente que vous recevez dans votre courrier comporte des avantages écrits partout.

Pour vous aider à comprendre les éléments clés qui composent une bonne copie, nous allons apprendre...

ABC de la rédaction

Dans la première partie de ce chapitre, nous avons discuté de la formule d'une copie, AIDA, qui est inhérente à l'ABC du Copywriting. En prime de ce chapitre, vous maîtriserez l'ABC de la rédaction qui vous aidera à mieux comprendre l'attention, les avantages et l'appel à l'action.

A est pour l'attention

S'il y a une chose que le copywriting doit faire, c'est d'attirer l'attention des lecteurs. Une bonne copie doit capter l'intérêt du lecteur et établir une connexion suffisamment longue pour le guider à travers la prochaine étape de l'expérience d'achat. Ceci est généralement établi avec un titre, une ligne d'objet ou une ligne d'ouverture forts et convaincants. Vous pouvez capter l'attention de votre public en ouvrir une boucle qui donne envie à un prospect d'en savoir plus, ajouter une rareté pour créer un sentiment d'urgence, ou provoquer une émotion qui renforce le désir que votre produit ou service offre.

Plus tôt, nous avons appris l'attention lorsque nous traitions l'AIDA. Vous pouvez vous référer à l'exemple ici pour savoir comment vous pouvez affecter votre A dans votre copie. Une fois que vous avez accroché votre public, vous pouvez maintenant passer à la lettre

B comme Avantages

Voici la chose - la question numéro un sur l'esprit de votre lecteur sera toujours - "Qu'est-ce que cela m'apporte?" La vérité sur le copywriting qui vend, c'est que la plupart du temps, votre produit n'a pas d'importance. Les gens n'achètent pas le QUOI... Ils achètent le POURQUOI.

Les prospects doivent être convaincus non seulement de vos produits, mais aussi de vous et de votre proposition de vente unique. Donc, pour ce faire, vous devez être parfaitement clair sur ce que vous faites mieux que quiconque. C'est là qu'intervient la communication de vos avantages singuliers.

Par exemple : si vous écrivez pour une application d'entraînement qui permet aux utilisateurs d'accéder à différents studios dans le monde, la meilleure façon d'indiquer vos avantages et de promouvoir les ventes sera : "Ne vous engagez pas dans une seule salle de sport. Obtenez une variété de entraînez-vous chaque semaine, n'importe où, n'importe quand !"

C est pour l'appel à l'action

Peu importe à quel point vous êtes persuasif avec votre rédaction, rien de tout cela n'a d'importance à moins que vous n'ayez un fort appel à l'action.

La règle générale est la suivante : vous ne devriez demander à vos prospects de faire UNE CHOSE. Vous devriez avoir un appel à l'action clair et concis et il ne doit laisser aucune place à la confusion sur ce qu'il faut faire ensuite et c'est généralement pour visiter, appeler, cliquer, s'inscrire ou acheter.

La confusion est le plus grand tueur de conversion et ne pas avoir d'appel à l'action clair et concis est l'une des plus grandes erreurs qu'un rédacteur puisse commettre. Si nécessaire, n'ayez pas peur d'être redondant ou répétitif.

L'essence de ce chapitre est de vous inculquer les éléments clés pertinents et la structure à respecter afin que lors de la rédaction de votre copie, vous sachiez quelles qualités y apporter pour effectuer la conversion. Je suis ravi du prochain chapitre parce que vous apprendrez à écrire une copie et j'ai une histoire qui s'y rattache pour votre éducation et votre divertissement. Continuer de lire

CHAPITRE 4

FAQ DE LA RÉDACTION

Quelle doit être la durée d'une copie ?

C'est une question fréquemment posée et la vérité est qu'il n'y a pas une seule bonne réponse. De plus, la longueur de votre copie n'est pas pertinente ; ce qui compte, c'est que les points clés de votre message soient couverts sans l'inclusion de détails verbeux. Assurez-vous d'aborder tous les détails qui persuaderont vos lecteurs d'acheter.

Selon la règle empirique habituelle, le lectorat diminue considérablement dans les 50 premiers mots de votre copie, mais se stabilise ensuite pour les 500 à 1 000 mots suivants. Par conséquent, certains lecteurs survoleront les premiers mots et arrêteront de lire, mais au-delà de cela, la longueur de votre copie n'est pas particulièrement pertinente. Il vous suffit d'aborder le point pertinent tout en rendant votre copie attrayante et brève.

La longueur d'une copie est déterminée par vous en tant qu'écrivain. Il n'y a pas de longueur statique stipulée. Vous devez simplement vous assurer que vous faites passer votre message en utilisant **AIDA**, les avantages et, plus important encore, l'appel à l'action.

Comment écrire une copie

Être un bon lecteur et lire constamment est une condition préalable pour devenir un bon écrivain et rédacteur. Il est essentiel à une copie bien écrite. Si vous voulez devenir un écrivain compétent, vous devez lire au moins vingt minutes par jour.

Un bon écrivain perfectionne toujours son art, apprend d'autres bons auteurs, et lire tous les jours vous y aide. Vous pouvez lire des livres que vous aimez tous les jours pour vous exposer à divers styles et techniques d'écriture que d'autres écrivains utilisent pour transmettre leurs idées. En faisant cela, vous obtenez de nouvelles idées qui vous aideront à mieux écrire.

En plus de lire, écrivez tous les jours. À un moment donné, pour chaque nouvel écrivain, vous devez franchir le pas et commencer à écrire quelque chose.

L'écriture est une compétence qui se développe avec la pratique, mais vous devez également vous motiver et démarrer le processus d'écriture même lorsque vous ne vous sentez pas particulièrement inspiré. Être capable de s'asseoir et de commencer à écrire est une compétence essentielle car en tant que rédacteur, vous obtiendrez des projets qui ne vous passionnent pas ou ne vous sont même pas familiers, c'est alors que vous devrez être capable de vous asseoir, de rassembler vos pensées et de mettre eux sur papier.

Des invites d'écriture pendant 30 jours peuvent aider en tant que pratique d'écriture. Une invite d'écriture est essentiellement une tâche qui doit être accomplie pour inspirer et diriger votre écriture. Vous pouvez recevoir une invite d'écriture à partir de sites Web de personnes ou d'entreprises prospères que vous suivez, ou d'e-mails marketing dans votre boîte de réception. Ce que vous devez faire est de rechercher l'e-mail que vous recevez. Quel type de lignes d'objet est utilisé ? À quoi ressemble l'e-mail ? Retiennent-ils votre attention ? Étudiez-les.

Ensuite, choisissez une invite d'écriture pour chaque jour, pour les 30 prochains jours, choisissez une entreprise différente pour représenter votre client imaginaire chaque jour et écrivez une copie pour l'entreprise. Pour tous les 30 jours, répétez ceci.

Il n'y a pas de raccourcis pour devenir bon en rédaction, donc l'objectif est de devenir à l'aise pour écrire un type de copie. L'idée est de pratiquer et si après 30 jours vous ne vous sentez toujours pas à l'aise, faites encore 30 jours.

Exercer:

Ne venez pas préparé. Mettez une minuterie pendant 20 minutes et écrivez n'importe quoi.

Points à noter lors de l'édition d'une copie

Après avoir écrit votre copie, vous devez faire votre édition. L'édition est l'endroit où votre copie prend vie et selon la longueur de votre copie, vous la réécrivez probablement de 5 à 10 fois et c'est parce que chaque fois que vous parcourez votre copie et que vous la modifiez, elle devient plus forte et plus efficace.

Lors de la rédaction et de l'édition d'une copie, il y a deux points dont vous devez tenir compte pour rendre votre copie agréable et désirable pour vos lecteurs. Ils comprennent:

Décoration de texte

Une approche fantastique pour rendre votre matériel plus simple à lire et souvent plus fascinant consiste à décorer le texte.

Il existe plusieurs façons de rendre une copie plus amusante à lire, notamment; souligner, mettre en gras, mettre en italique et placer les mots en majuscules. En mettant l'accent sur des termes particuliers, votre copie devient plus accessible, divertissante et attrayante. Nous devons également choisir des polices de caractères faciles à lire, ce qui est un facteur pertinent.

Lors du choix d'une police, nous voulons toujours en choisir une qui soit simple à lire parce que nous ne voulons pas mettre de pression ou d'effort supplémentaire sur notre public pour lire, il est déjà difficile de faire lire vos clients.

Alignement du texte

Il existe trois différentes options d'alignement du texte. Lorsque votre texte est aligné au centre, une ligne invisible le traverse et il est également espacé des deux côtés.

Il existe une option d'alignement à gauche où tout votre texte est poussé contre une ligne invisible qui se trouve à gauche de vos textes. Lorsque le texte est aligné à droite, tout est poussé vers la droite.

Le corps du texte ne doit pas être centré car il semble très désorganisé et est beaucoup plus difficile à lire. L'alignement central fonctionne très bien pour les en-têtes. La plupart du temps, vous devez aligner votre texte à gauche car il est plus facile à lire et plus esthétique.

Importance d'utiliser une grammaire correcte dans votre copie

Les fautes de grammaire ou d'orthographe peuvent être extrêmement ennuyeuses. Ces erreurs nuisent gravement à la crédibilité des lecteurs auprès de vous si elles sont découvertes lors de la lecture de votre copie.

Relire votre copie à haute voix vous aidera à repérer les erreurs de grammaire que vous auriez pu manquer et vous pourrez

alors apporter les corrections nécessaires.
C'est le meilleur moyen d'éliminer les
erreurs de grammaire. De plus, vous
pouvez demander à un ami de lire votre
copie.

Storytelling : comment attirer l'attention de votre public

Le meilleur type de copie utilise la
narration, crée une résonance émotionnelle
et renforce la valeur de la marque tout en

guidant les prospects à travers une expérience d'achat précieuse.

Vous êtes-vous déjà demandé pourquoi le storytelling et le copywriting allaient de pair ? C'est parce que les histoires sont ce à quoi nous nous rapportons, elles font appel à nos émotions et à notre humeur.

La narration est l'acte d'utiliser des mots, des images ou de la danse pour transmettre une histoire à des fins d'information, de divertissement ou d'éducation. Le copywriting, en revanche, consiste simplement à vendre un produit ou un service pour une entreprise ou un client en utilisant des mots ou des histoires créatives.

C'est là que la synergie entre les deux termes entre en jeu. Pouvoir utiliser vos histoires pour inciter votre public à passer à l'action prouve en effet le jumeau sismique entre le Storytelling et le Copywriting.

Là vit une écrivaine qui a publié plus de dix de ses nouvelles sur une plate-forme de journal. Elle a écrit des tonnes de nouvelles qui lui ont valu la reconnaissance des éditeurs de plusieurs bureaux lors de sa formation en stage **SIWES** dans ladite maison d'édition.

Après son stage de trois mois, elle est retournée à l'école,a obtenu son diplôme et a continué à envoyer des articles sur le métro à l'organisation du journal, dont l'un qu'elle a envoyé alors qu'elle servait sa patrie, le Nigeria.

C'était une histoire de serpents apparaissant chez les habitants du village qu'elle servait. Il a attiré l'attention du public et est devenu viral. L'écrivain s'est rendu compte qu'elle pouvait utiliser des histoires non seulement pour sensibiliser, mais aussi pour appeler à l'action alors que les habitants de la diaspora continuaient d'appeler chez eux, conseillant à leurs proches d'évacuer le village. Cet écrivain, c'est moi.

Vous pouvez voir d'après ce qui précède que la narration est un moyen idéal pour capter l'attention de votre public et l'amener à entreprendre une action souhaitée de votre choix. Je vous avais promis une histoire dans ce chapitre pour vous instruire sur les usages du storytelling en copywriting, je vous ai livré. Cependant, pour dissiper vos doutes, veuillez lire l'histoire suivante.

En avril 2022, j'ai perdu mon emploi où je travaillais uniquement pendant la période d'essai de trois mois et j'ai été relevé de mes fonctions. Je suis allé à la recherche d'un emploi et franchement, c'était exaspérant.

Après plusieurs essais, j'ai été invité à un entretien. Il s'en est suivi des myriades de procédures après lesquelles j'ai dû écrire une copie, vendre le produit de l'entreprise. Je suis rentré chez moi, j'ai eu le blocage de l'écriture toute la journée mais je me suis forcé à écrire le lendemain car c'était la date limite. Décidant que je n'avais pas d'autre idée, j'ai utilisé Acrimony de Tyler Perry pour enfoncer le clou.

Mes intervieweurs ont lu ma copie et je pouvais voir la fascination dans leurs yeux. Je ne me suis pas contenté de raconter une histoire, je les ai poussés à l'action. Voir! J'étais employé.

Les deux histoires ci-dessus ont prouvé sans aucun doute à quel point une histoire est captivante. Il captera l'attention de votre lecteur et fera appel à son empathie qui le poussera ensuite à l'action.

Vous avez encore des doutes ? Accédez à votre courrier électronique, ouvrez une copie qui commence par une histoire et voyez si vous ne lirez pas jusqu'à la fin.

CHAPITRE 5

DÉMARRAGE DE NOTRE ACTIVITÉ DE COPYWRITING

Je dois vous féliciter d'être arrivé jusqu'ici. Cela montre votre sérieux et votre zèle non seulement pour apprendre, mais aussi pour être financièrement libre.

En toute honnêteté, vous devez savoir que pour atteindre le type de liberté financière que vous désirez, vous devez créer de la valeur et résoudre un problème qui, à son tour, vous rapportera de l'argent.

Le chapitre 4 nous a appris à écrire. Maintenant, dans ce chapitre, vous apprendrez comment créer le portefeuille que vous utiliserez pour obtenir votre premier client et développer votre entreprise. Entrons...

Comment créer votre portefeuille

Vous utiliserez certaines de vos invites d'écriture pour construire vos éléments de portefeuille, d'autant plus que vous n'avez pas encore trouvé de clients.

À partir de maintenant, vous devriez noter l'importance de passer 30 jours à écrire et à réviser les invites comme indiqué au chapitre 4 sur la façon d'écrire. Passez en revue toutes les invites que vous avez remplies au cours des derniers mois et choisissez vos favoris, si vous ne trouvez personne qui vous rend fier de vous, il est temps de recommencer.

Cependant, si vous rencontrez quelque chose que vous aimez, développez-le et essayez de l'écrire à nouveau maintenant que vous avez plus d'expérience. Une fois que vous avez fait cela, compilez tous vos meilleurs travaux dans un fichier pour décrocher vos premiers clients.

Pour vous faciliter la tâche, après avoir compilé toutes vos invites modifiées, vous pouvez l'enregistrer sur votre lecteur Google, créer un lien pour celui-ci et le donner à tout prospect demandant vos services.

Trouver votre premier client

Choisir où lister vos services est la
première chose que vous devez faire.
Ainsi, en plus d'Upwork, Fiverr est une
formidable plateforme pour commercialiser
vos compétences.

Notez que vous devez développer une
ligne d'objet solide pour Fiverr.

La prochaine étape consiste à choisir vos
forfaits et à déterminer comment facturer

vos services. Offrir des forfaits de base, standard et premium serait une idée fantastique, après quoi vous pouvez choisir un prix, puis sélectionner une photo de profil appropriée.

Concentrez-vous ensuite sur la description. C'est l'endroit où vous devez décrire avec précision ce que vous vendez. Utilisez des mots clés connexes et pertinents pour l'aider à apparaître dans les résultats de recherche. L'aspect le plus pertinent est que s'ils lisent ceci, cela doit les persuader de cliquer sur continuer et de placer une commande. En outre, le choix de créer votre site Web et de vendre votre service de rédaction est une alternative.

De plus, vous pouvez décrocher votre premier client en réseautant. Aller à des événements et informer les gens de ce que vous faites s'est avéré être un excellent moyen d'obtenir un client.

Étapes pour démarrer rapidement votre entreprise de rédaction indépendante

Démarrer une entreprise ne va pas être facile, développer une entreprise peut aussi être ardu, mais qui a dit que c'était censé être facile ? Se réveiller n'est pas facile, marcher n'est pas facile, manger n'est pas facile, travailler de 9h à 17h n'est pas facile, gagner de l'argent n'est pas facile, la vie n'est pas facile, rien n'est facile. C'est pourquoi la vie est remplie de luttes, cependant, le résultat de ces luttes est notre bonheur.

Franchement, je suis ici pour vous dire que démarrer une entreprise de rédaction indépendante sera probablement la chose la plus difficile que vous aurez à faire, mais croyez-moi, cela en vaut la peine. N'oubliez pas que vous ne pouvez pas être libre financièrement de manière indépendante si vous n'avez pas d'entreprise ou une valeur que vous proposez. Votre compétence est votre affaire.

Ici, nous allons traiter de six étapes que vous pouvez suivre pour démarrer votre entreprise de rédaction. Certaines de ces étapes figurent déjà dans les chapitres précédents, ce qui montre pourquoi chaque chapitre va de pair pour vous mener à ce voyage entrepreneurial.

La première étape; Étude

L'apprentissage ne s'arrête jamais, il est donc très vital. Vous devez vous consacrer à la recherche continue d'informations si vous voulez vraiment réussir dans cette industrie.

Deuxième étape ; Pratique

Sans la capacité de mettre l'information en pratique, cela devient inutile. Vous ne serez pas brillant au début lorsque vous apprendrez cette compétence ou tout autre métier d'ailleurs et ce n'est pas grave.

Écrire une copie terrible et la réparer, c'est ainsi que les rédacteurs apprennent. Avant d'écrire une copie, vous devez d'abord écrire merdique.

Troisième étape; Trouver une communauté

Interagir avec des pairs qui partagent votre intérêt vous sera très utile. Les communautés en ligne aiment; Facebook, Instagram et d'autres plateformes peuvent suffire.

Étape quatre ; Rédigez votre argumentaire éclair

Il est temps d'indiquer comment vous comptez aider votre potentiel clients après avoir travaillé sur vos compétences et pris confiance en elles. Par conséquent, considérez votre argumentaire éclair comme une présentation de vente personnalisée. Vous devez être en mesure de parler de manière claire et concise de vos services, de votre public cible, de votre mode de fonctionnement, de votre créneau idéal et de votre domaine d'expertise.

Cinquième étape ; Créer un portfolio et un profil

En attendant que vous commenciez à travailler avec un client et que vous utilisiez votre copie pour votre portfolio, vous pouvez organiser les invites que vous avez utilisées lors de la pratique dans une zone ordonnée et construire votre portfolio afin de pouvoir présenter de manière professionnelle vos compétences à des clients potentiels lorsqu'ils expriment leur intérêt à travailler. avec toi.

Sixième étape ; Être averti

C'est là que vous faites de la publicité et que vous continuez à chercher des clients. Cela peut être accompli en réseautant sur LinkedIn, Instagram, Facebook, en assistant à des événements et en s'engageant dans des interactions axées sur la valeur.

CHAPITRE 6

CHAPITRE BONUS

Toutes nos félicitations! J'ai le plaisir de vous annoncer que vous vous êtes mérité un autre livre qui est attaché à ce cours. Je sais maintenant que j'aurais dû voir votre coffret cadeau. Dans le but de vous aider à vous améliorer en écriture, nous avons décidé de vous dedier un livre : How-To-Write-A-Book de Brian Tracy.

Les mots ne peuvent exprimer à quel point nous sommes fiers de vous offrir cette belle copie qui contient les étapes que vous pouvez suivre pour devenir auteur ; puis un auteur publié. Ce livre aiguisera vos compétences en écriture avec un peu de pratique de votre part.

En tant que chapitre bonus, vous apprendrez...

Conseils de rédaction

Contrairement à ce que vous avez entendu, l'apprentissage de la rédaction ne nécessite pas d'années d'expérience et de formation formelle. Lorsque vous savez quoi faire et comment l'accomplir, la rédaction est assez facile.

Astuce 1 : Utilisez des phrases courtes

Une bonne copie est écrite en phrases concises. Selon une étude de l'American Press Institute, les phrases courtes sont 711 % plus simples à lire et à comprendre. Utilisez des phrases courtes pour éviter de stresser et éventuellement de perdre vos lecteurs.

Astuce 2 : Utilisez Glissement Glissant

Même avec la meilleure copie au monde, si les lecteurs quittent la page après la première phrase, votre copie a échoué. Le but de votre copie devrait donc inclure le maintien de l'engagement des lecteurs. Dans les mots de Joe Sugarman, l'objectif principal de la première ligne est d'inciter votre lecteur à lire la deuxième phrase.

Vous devez ajouter du contenu à votre page destiné à inciter les visiteurs à lire au fur et à mesure que vous descendez la diapositive glissante. Vous pourriez par exemple commencer votre copie par une petite histoire.

Astuce 3 : Utilisez des titres très spécifiques

Rendez vos titres incroyablement détaillés pour augmenter l'efficacité de votre titre, ce qui est tout à fait vital. Cela signifie écrire un titre super spécifique qui indique ce que le public va lire.

Astuce 4 : Utilisez FOMO

Votre copie pourrait devenir dix fois plus efficace si vous utilisez FOMO. Bien que

"Fear Of Missing Out" ou FOMO ne travaille en toutes circonstances, utilisez-le quand vous le pouvez. Vos prospects réagiront fortement au FOMO car il puise dans une émotion qui les oblige à porter une attention particulière à ce que vous avez à dire.

Astuce 5 : Rédigez des pistes solides

Vous savez à quel point le plomb est fondamental. Le fil conducteur de votre copie est le paragraphe qui suit le titre. Si vous perdez quelqu'un ici, il est parti pour toujours. Il existe trois techniques pour écrire une piste qui tue ;

Tout d'abord, commencez par inclure une accroche dans la première ou la deuxième phrase. La phrase d'ouverture de votre lead est essentielle, alors assurez-vous que votre phrase d'ouverture attire l'attention du lecteur.

L'étape suivante consiste à limiter votre avance à six ou huit phrases. Votre avance doit être très courte, peu importe ce que vous écrivez. Gardez à l'esprit que le seul but de votre avance est de capter l'attention des lecteurs avant d'entrer dans la copie.

Enfin, incluez des histoires courtes dans vos pistes. Les histoires sont d'excellents moyens d'attirer immédiatement l'attention des gens. Utilisez des mini-histoires pour compresser l'histoire en 45 lignes.

Astuce 6 : Utilisez un langage simple

Les gros mots rendent votre contenu plus difficile à lire, alors utilisez des mots simples à lire et à comprendre à la place des gros mots.

Astuce 7 : Quittez la Friend-zone

Lorsqu'un acheteur aime ce que vous vendez mais pas assez pour effectuer un achat, cela s'appelle une zone d'amis. Quelle est la solution? Répondre à leurs objections. Des objections telles que; "c'est trop cher", "ce n'est pas le bon moment pour moi", "eh bien, ça a l'air fantastique mais est-ce que ça marchera pour moi ?", "je ne suis pas prêt à changer de marque". Soulevez chaque objection et éliminez chacune d'entre elles.

Astuce 8 : Interagissez avec les clients

Parlez à vos clients. Écrire une copie qui donne aux lecteurs l'impression que vous leur parlez directement peut aider avec cette astuce.

Lorsque vous rédigez votre copie, vous devez écrire comme si vous parliez à une seule personne. Écrire sur un ton qui indique à un client que vous vous référez directement à son problème tout en proposant une solution est un moyen idéal de parler à vos clients.

Astuce 9 : Utilisez l'urgence et la rareté

Avez-vous déjà entendu quelqu'un dire qu'il voulait acheter ce que vous vendiez, mais qu'il avait besoin de temps pour y réfléchir avant ? 99% du temps, la personne décide de ne pas acheter. La chose la plus

importante est que vous écrivez votre copie
pour convertir immédiatement ces
personnes.

Vous devez sauvegarder votre copie avec
de réelles limitations, sinon vous allez
perdre des personnes. Par exemple, vous
pouvez utiliser un délai précis à la minute
près pour augmenter les enjeux par la suite.

**Astuce 10 : résoudre le paradoxe de la
preuve sociale**

Pour vendre, vous devez générer une preuve sociale, mais pour ce faire, vous devez générer des ventes. C'est ce qu'on appelle le paradoxe de la preuve sociale et c'est un vrai problème pour de nombreux propriétaires d'entreprise.

Un moyen simple de contourner ce problème consiste à présenter votre forme de preuve sociale la plus solide. Il n'a pas à vendre. Vous pouvez offrir votre nouveau produit gratuitement et utiliser les témoignages des gens comme preuve sociale, d'autant plus que les témoignages peuvent faire monter en flèche les ventes.

En tant que chapitre bonus, je crois que je vous ai prévenu avec succès. Je souhaite que vous trouviez ce livre et votre coffret cadeau utiles. Je vous laisse avec mes dernières pensées.

CHAPITRE 7

DERNIÈRES PENSÉES

Vous avez atteint la fin de cette leçon et j'espère que vous en avez compris la valeur. Je suis heureux d'avoir entrepris ce voyage avec vous. Vous pouvez maintenant vous appeler hardiment un rédacteur.

P:S : Seulement après avoir pratiqué et effectué une action.

Il n'y a aucun moyen de réussir quoi que ce soit si vous n'agissez pas. Vous pouvez être un écrivain talentueux, mais si vous ne travaillez pas dessus en perfectionnant vos compétences, vous ne réussirez pas dans le domaine de la rédaction, d'où l'importance de la pratique.

Le copywriting est l'une des myriades d'entreprises en ligne qui peuvent faire de vous un patron et vous aider à être financièrement libre.

Dans les mots de Robert Collier; "L'esprit pense en images. Une bonne illustration vaut mille mots. Mais une image claire construite dans l'esprit du lecteur par vos mots vaut mille dessins, car le lecteur colore cette image avec sa propre imagination, qui est plus puissante que les pinceaux de tous les artistes du monde », le copywriting est une belle façon d'amener vos lecteurs à imaginer un monde de solutions à leurs pieds.

Il existe une idée populaire selon laquelle la star du football Lionel Messi est un joueur talentueux, mais Cristiano Ronaldo est un joueur talentueux. Alors que Messi est doué pour jouer au football, Ronaldo s'est entraîné pour être aussi bon et reconnaissable qu'il l'est aujourd'hui. Pour moi, les deux joueurs sont incroyables mais ils jouent différemment, cependant, ce qu'ils ont tous les deux en commun est la pratique, l'exploitation continue et cohérente de leurs compétences les a fait être au sommet de leurs jeux, ce qui leur a valu plusieurs récompenses, le respect et l'amour de tous et divers.

Vous vous demandez peut-être pourquoi je vous ai conduit dans le monde du football, la raison en est que je veux que vous voyiez à quel point la formation et la maîtrise sont importantes dans votre cheminement pour devenir un bon rédacteur. Il n'y a personne qui veut traîner ou employer un médiocre. Ainsi, la pratique vous fera devenir un excellent rédacteur car cela améliorera vos compétences et vous rendra employable.

Je veux que vous vous considériez comme une force imparable. Cette connaissance de la rédaction que vous avez acquise, si elle est effectuée, peut vous rapporter une richesse illimitée. Je vous encourage donc sincèrement à suivre notre pratique de 30 jours, à créer votre portfolio, à vous présenter et à être ouvert à diverses opportunités. Je vous souhaite bonne chance dans vos efforts de rédaction.

Rêvez-le, croyez-le, réalisez-le.

www.ingramcontent.com/pod-product-compliance
Lightning Source LLC
Chambersburg PA
CBHW070350220526

45467CB00001B/326